soupes, potages
et gaspachos

M. Palla

soupes, potages et gaspachos

Traduction de Sandrine Chabert-Morel et Marie-Christine Bonnefond

© 2006 Nouvelle édition - Éditions De Vecchi S.A. - Paris
Imprimé en Italie

Introduction

La soupe fumante dans l'assiette, la marmite qui ronronne sur le feu en libérant ses arômes : images de l'enfance et des contes qui se perdent dans la nuit des temps... Qui ne se souvient pas des effluves qui s'échappaient des casseroles et aiguisaient les appétits... ? C'est que la famille des soupes et des potages est vaste et vaut bien qu'on lui confère un peu d'attention. Potage ou velouté, chaude ou glacée, entrée légère ou plat roboratif, la soupe nous transporte dans une dimension chaleureuse, conviviale et familiale. Méprisée pendant des décennies, elle est aujourd'hui réhabilitée même par les grands chefs qui ont reconnu ses infinités de saveurs, de textures, d'ingrédients, de présentations.

Mais, au fait, quelle différence y a-t-il entre une soupe et un potage ? Si l'on en croit les historiens, le potage serait le plus ancien, car nos ancêtres de l'âge du feu, puis ceux de l'âge des métaux, une fois qu'ils eurent découvert la poterie, cuisaient déjà leurs aliments dans des pots, mélangeant les produits de la chasse à ceux de la terre. La soupe quant à elle a une tout autre étymologie, qui nous ramène à une vieille racine germanique, *sappa*, qui signifie « tremper ». Jadis, la soupe se composait d'une tranche de pain, de graines cuites en bouillies ou de galettes, sur lesquelles on versait du bouillon, du vin, une sauce ou tout autre apprêt liquide. Au XVIIᵉ, la classe nantie préféra utiliser le mot « potage », laissant au petit peuple la soupe plus... populaire. Une différence persiste malgré tout : les soupes, qui ont surtout un caractère régional et de tradition, ne sont pas liées mais épaissies par du pain, des pommes de terre, des pâtes ou du riz et garnies de viandes ou de poissons et de légumes, alors que les potages sont généralement liés avec de la crème, du beurre, un roux, du tapioca ou un jaune d'œuf.

Notre tradition gastronomique européenne comporte une immense variété de soupes, potages, crèmes, consommés, bouillons, veloutés et gaspachos : tout ce qui est comestible peut faire une bonne soupe. Cette variété ne doit pas effrayer le cuisinier ou la cuisinière qui est en vous, bien au contraire. Vous trouverez dans cet ouvrage de quoi satisfaire tous les goûts et toutes les curiosités : composés de légumes, de viandes, de poissons ou de céréales, à base de bouillon, de lait, ou de bière, des potages classiques aux soupes exotiques, vous trouverez de quoi vous régaler ou vous inspirer pour de nouvelles expériences culinaires.

Les pommes de terre : choisissez plutôt les variétés farineuses : bintje, estima, manon, ker pondy, spunta, monalisa, samba, Francine, pompadour, rosa à la peau rouge et chair jaune, Belles-de-Fontenay à la peau jaune, viola, nicola…

Le bouillon : de légume ou de viande, c'est la base la plus fréquente des soupes et des potages. Idéalement, le bouillon doit être « maison », mais vous pouvez également vous servir d'un bouillon « cube » vendu dans le commerce. Mais attention, ces bouillons sont en général déjà salés et aromatisés : goûtez votre soupe avant de rectifier l'assaisonnement.

Les légumes : choisissez des légumes frais de saison quand vous en avez la possibilité : ils seront plus savoureux… et meilleur marché. Quand cela n'est pas possible, tournez-vous alors vers les légumes frais surgelés. Récoltés à la bonne saison, ils gardent toutes leurs qualités gustatives et nutritionnelles.

La crème : c'est le liant des potages par excellence. Elle apporte une onctuosité proche du velours. Plus elle est grasse, plus elle est goûteuse, mais pour ceux qui sont soucieux de leur santé et de leur ligne, les crèmes « légères » (moins de 30 % de matières grasses) sont une excellente alternative.

À vous de jouer ! et bon appétit…

NIVEAU DE DIFFICULTÉ	
Très facile	★
Facile	★ ★
Élaborée	★ ★ ★
Difficile	★ ★ ★ ★

SAISON	
Printemps	🌷
Été	☀
Automne	🍂
Hiver	❄

RECETTES

Soupe au bœuf et aux légumes

DIFFICULTÉ ★★

PRÉPARATION : 45 MIN

CUISSON : 3 H 30

RÉALISATION À L'AVANCE : OUI

POUR 6 PERSONNES

800 g de surlonge de bœuf avec os

250 g de vermicelles

100 g de jambon cuit en une seule tranche

2 brins de persil

2 oignons

2 carottes

2 branches de céleri

2 poireaux

2 pommes de terre

1 navet

1 épi de maïs

10 feuilles tendres de chou frisé

huile d'olive vierge extra

sel

poivre

SAISON

1 Préparez un hachis avec le jambon, le persil, 1 carotte, 1 oignon et 1 branche de céleri ; faites chauffer quelques cuillerées à soupe d'huile dans une casserole et faites revenir lentement le hachis.

2 Ajoutez le bœuf bien lavé et faites-le revenir en remuant. Lorsqu'il commence à se colorer, versez 2 litres d'eau ; salez et portez à ébullition.

3 Réduisez le feu, couvrez et laissez frémir pendant deux heures ; retirez l'écume en cas de besoin.

4 Retirez la casserole du feu, faites refroidir pendant quelques minutes. Désossez la viande, coupez-la en petits dés et remettez-les dans le bouillon.

5 Préparez le reste de légumes. Émincez la carottes et les poireaux, découpez les feuilles de chou, coupez l'oignon, le navet et les pommes de terre. Égrenez l'épi de maïs. Mettez tous les légumes dans la casserole, remettez sur le feu et poursuivez la cuisson pendant environ 1 heure.

6 10 minutes avant la fin de la cuisson, cassez les vermicelles et incorporez-les à la soupe.

7 À la fin de la cuisson, rectifiez si besoin est l'assaisonnement en sel et poivrez. Transvasez la soupe dans une soupière et servez.

Soupe de nouilles au canard

DIFFICULTÉ ★ ★

PRÉPARATION : 20 MIN

CUISSON : 25 MIN

RÉALISATION À L'AVANCE :
PARTIELLE

POUR **4** PERSONNES

1 poitrine de canard
(à couper sous forme
d'aiguillettes)

150 g de vermicelles de riz

2 carottes

2 poireaux

100 g de pousses de
bambou

40 g de champignons
chinois déshydratés

1 litre de bouillon de volaille

saké

sauce de soja

huile de soja

sel

1 Faites tremper les champignons dans l'eau tiède pendant au moins 1 heure.

2 Plongez-les aiguillettes de canard 15 minutes dans une marinade préparée avec 1 cuillerée à soupe de sauce de soja et 1 cuillerée à soupe de saké.

3 Émincez finement la partie blanche des poireaux et mettez-les dans une casserole avec 3 cuillerées à soupe d'huile de soja. Faites dorer légèrement puis intégrez les aiguillettes de canard. Faites-les revenir à feu vif pendant 2 minutes.

4 Découpez les carottes en julienne, puis les pousses de bambous et les champignons en petits morceaux ; incorporez tous les légumes dans la casserole et recouvrez de bouillon.

5 Cuire 5-6 minutes. Ajoutez les vermicelles de riz.

6 Dès qu'ils sont cuits, versez la soupe dans les bols et servez.

SAISON

Soupe au poulet

DIFFICULTÉ ★★
PRÉPARATION : 15 MIN
CUISSON : 20 MIN
RÉALISATION À L'AVANCE :
PARTIELLE

POUR 4 PERSONNES

200 g de poitrine de poulet
150 g de vermicelles de riz
80 g de germes de soja
80 g de pousses de
bambou
80 g de chou chinois
2 poireaux
1 poivron jaune
1 piment
1 litre de bouillon de volaille
huile de soja
sel

INGRÉDIENTS POUR
LA MARINADE
1 cuillerée à soupe de saké
1 cuillerée à soupe de
sauce de soja

1   Découpez la poitrine de poulet sous forme
    d'aiguillettes et faites-les tremper 15 minutes dans
    la marinade.

2   Préparez le poivron, en éliminant le pédoncule, les
    pépins et les filaments ; découpez la chair, le chou
    les germes de soja et les pousses de bambou en
    petits morceaux.

3   Émincez finement la partie blanche des poireaux et
    mettez-les dans une casserole avec 3 cuillerées à
    soupe d'huile de soja. Faites dorer légèrement,
    puis ajoutez le poulet ; faites revenir les aiguillettes
    de poulet à feu vif pendant 2 minutes.

4   Ajoutez tous les légumes, le piment, et enfin
    recouvrez de bouillon.

5   Faites cuire pendant 5-6 minutes ; ajoutez les
    vermicelles de riz. En fin de cuisson, éliminez le
    piment, versez dans les bols et servez.

SAISON

Soupe à la queue de bœuf

DIFFICULTÉ ★ ★ ★

PRÉPARATION : 20 MIN

CUISSON : 30 MIN

RÉALISATION À L'AVANCE : OUI

POUR 4 PERSONNES

1,2 kg de queue de bœuf
ou de veau

4 carottes

1 oignon

200 g de navet

30 g de beurre

20 g de farine

1/2 verre de cognac

1 branche de romarin

feuilles de sauge et de
basilic

marjolaine en poudre

sel

poivre

1 Coupez la queue de bœuf en petits morceaux de 4 à 5 cm de long. Remplissez une casserole d'1,5 litre d'eau salée, portez à ébullition et faites cuire les morceaux de queue pendant une dizaine de minutes. Égouttez-les et essuyez-les.

2 Dans une casserole, faites revenir dans du beurre l'oignon et 1 carotte finement hachée. Au bout de quelques minutes, ajoutez la queue et laissez sur le feu jusqu'à ce que l'ensemble soit bien doré.

3 Saupoudrez de farine, ajoutez le romarin haché, 2 ou 3 feuilles de basilic, autant de sauge, 1 pincée de marjolaine, les navets et le reste de carottes coupées en petits dés. Salez, poivrez, puis recouvrez largement le tout d'eau.

4 Laissez cuire lentement jusqu'à ce que la viande devienne suffisamment tendre pour se détacher de l'os. Retirez la queue et passez le tout au moulin à légumes, excepté 2 cuillerées à café de dés de carottes et de navet.

5 Remettez le tout dans la casserole, c'est-à-dire le bouillon filtré, la viande et les dés de légumes. Faites chauffer pendant 5 minutes et ajoutez en dernier le cognac. Versez dans une soupière et servez immédiatement.

SAISON

Soupe de poisson

DIFFICULTÉ ★ ★ ★

PRÉPARATION : 40 MIN

CUISSON : 45 MIN

RÉALISATION À L'AVANCE : NON

POUR 6 PERSONNES

500 g de seiches

500 g de poulpes

300 g d'émissole

500 g de poissons pour la soupe (rascasse, grondin, congre)

500 g d'un mélange de fruits de mer

500 g en tout de crevettes, langoustines et de cigales

1 verre de vin blanc

1 cuillerée à soupe de concentré de tomate

huile d'olive vierge extra

hachis d'ail, sauge et piment

1 oignon

1 carotte

1 branche de céleri

12 tranches de pain de campagne grillé, poivré et frotté d'ail

SAISON

1 Nettoyez, découpez les poissons, faites cuire les têtes et les arêtes environ 1/2 heure dans l'eau salée avec l'oignon, la carotte et le céleri : filtrez le court-bouillon et réservez, ainsi que les résidus.

2 Mettez dans une casserole un fond d'huile d'olive et le hachis d'aromates ; faites revenir. Ajoutez les poulpes et les seiches coupées en petits morceaux ; mouillez de vin blanc, puis versez le concentré de tomate avec quelques louches de bouillon. Faites cuire pendant environ 20 minutes, sans cesser de remuer.

3 Ajoutez progressivement les poissons pour la soupe et l'émissole ; versez également les restes du court-bouillon qui donnera plus de consistance et de saveur à l'appareil.

4 Poursuivez la cuisson à feu lent. Lorsque les poulpes et les seiches sont tendres, ajoutez les crustacés et les fruits de mer, avec leur coquille.

5 Déposez le pain frotté d'ail et grillé au fond des terrines. Puisez dans la casserole les morceaux de poisson et le bouillon à l'aide d'une louche. Servez aussitôt.

Soupe d'huîtres

DIFFICULTÉ ★★

PRÉPARATION : 25 MIN

CUISSON : 45 MIN

RÉALISATION À L'AVANCE : OUI

POUR 4 PERSONNES

16 huîtres

50 g de poitrine fumée

1 oignon

2 tomates mûres

2 pommes de terre

200 g de haricots verts

1 piment vert

1,5 litre de bouillon

curry en poudre

farine

sel

1. Ouvrez les huîtres, retirez-les de leurs coquilles ; éliminez les filaments et conservez leur eau.

2. Épluchez les pommes de terre et coupez-les en petits morceaux. Préparez les haricots verts. Ébouillantez les tomates, pelez-les, épépinez-les, éliminez l'eau et hachez-les. Émincez l'oignon.

3. Coupez la poitrine sous forme de lardons et faites fondre dans une casserole. Une fois la graisse fondue, ajoutez l'oignon et laissez cuire légèrement sans colorer.

4. Ajoutez les tomates, les légumes et le piment coupé en petits morceaux. Versez le bouillon, assaisonnez d'un peu de curry ; portez à ébullition et faites cuire environ 1/2 heure.

5. Ajoutez les huîtres et rectifiez, si besoin est, l'assaisonnement en sel. Faites épaissir la soupe en diluant 1 cuillerée à soupe de farine dans l'eau des coquillages et mélangez soigneusement. Poursuivez la cuisson à feu très doux pendant 2 à 3 minutes et servez.

SAISON

Velouté de tomate

DIFFICULTÉ ★★

PRÉPARATION : 15 MIN

CUISSON : 45 MIN

RÉALISATION À L'AVANCE :
PARTIELLE

POUR 4 PERSONNES

600 g de tomates

1/2 litre de bouillon

20 cl de crème fraîche

30 g de beurre

30 g de farine

parmesan râpé

1 jaune d'œuf

sel

poivre

1 Coupez les tomates en quartiers, puis en petits morceaux et rassemblez dans un faitout. Laissez cuire doucement jusqu'à ce qu'elles se défassent. Passez-les au moulin à légumes.

2 Préparez une béchamel très onctueuse dans une casserole en mélangeant 1/2 litre de lait, 30 g de beurre, 30 g de farine et 1 pincée de sel.

3 Ajoutez le coulis de tomate, mélangez et laissez cuire environ 1/2 heure, en remuant souvent.

4 Pendant ce temps, mélangez le jaune d'œuf avec la crème fraîche et 1 cuillerée à soupe de parmesan râpé. Salez, poivrez et versez dans la casserole une minute avant d'éteindre le feu. Mélangez rapidement et servez aussitôt.

SAISON

Vichyssoise

DIFFICULTÉ ★

PRÉPARATION : 10 MIN

CUISSON : 35 MIN

RÉALISATION À L'AVANCE : OUI

POUR 4 PERSONNES

500 g de pommes de terre

2 poireaux

1,5 litre de bouillon

50 g de beurre

10 cl verre de crème fraîche

feuilles de cerfeuil

sel

poivre

1 Épluchez les pommes de terre, coupez-les en quatre. Nettoyez les poireaux et mettez de côté les parties blanches. Émincez-les et faites-les dorer dans une casserole avec 20 g de beurre.

2 Ajoutez les pommes de terre, recouvrez de bouillon et faites cuire à feu vif environ 1/2 heure.

3 Passez au moulin à légumes dans une autre casserole ; ajoutez la crème fraîche, 1 pincée de sel et mélangez soigneusement. Portez à ébullition, retirez du feu et incorporez 30 g de beurre.

4 Donnez quelques tours de moulin à poivre noir, parsemez de feuilles de cerfeuil hachées et servez immédiatement.

SAISON

■■ VARIANTE

Cette recette traditionnelle est également délicieuse servie froide et additionnée de ciboulette hachée menu. Le chef Louis Diat l'a créée en 1910, en souvenir de la soupe que sa mère lui préparait dans sa maison natale à Vichy. Vous pouvez l'enrichir d'autres légumes : carottes, céleri, épinards et fines herbes.

Consommé de tomate

DIFFICULTÉ ★

PRÉPARATION : 10 MIN

CUISSON : 1 H

RÉALISATION À L'AVANCE : OUI

POUR 4 PERSONNES

1,5 litre de bouillon froid de viande

400 g de viande de bœuf hachée

1 petite carotte

1 poireau

1 blanc d'œuf

2 tomates très mûres passées au moulin à légumes

1 Lavez le poireau et la petite carotte et hachez-les grossièrement.

2 Mettez dans un faitout la viande, les légumes hachés, les tomates, le blanc d'œuf et battez le tout. Versez le bouillon froid et mélangez. Mettez sur le feu et portez à ébullition. Poursuivez la cuisson environ 1 heure.

3 À la fin de la cuisson, passez le bouillon à travers une passoire à mailles fines. Servez dans des assiettes creuses individuelles.

VARIANTE

Vous pouvez enrichir ce consommé d'un classique en Italie, la stracciatella romaine : battez 2 œufs avec 1 cuillerée à soupe de chapelure et 1 cuillerée de parmesan râpé ; diluez l'appareil dans le bouillon chaud et portez à ébullition, sans cesser de remuer. Dès que l'œuf est coagulé, la soupe est prête.

SAISON

Soupe à l'oignon

DIFFICULTÉ   ★

PRÉPARATION : 15 MIN

CUISSON : 40 MIN

RÉALISATION À L'AVANCE :
PARTIELLE

POUR 4 PERSONNES

400 g d'oignons jaunes

1,5 litre de bouillon de
volaille

8 tranches de baguette

emmental râpé

farine

beurre

sel

poivre

1 Émincez finement les oignons. Faites fondre 30 g de beurre dans une casserole, puis mettez les oignons et faites-les blondir.

2 Ajoutez 1 bonne cuillerée de farine, mélangez puis salez et poivrez. Poursuivez la cuisson jusqu'à ce que vous obteniez une bouillie, que vous passez ensuite au moulin à légumes. Ajoutez le bouillon et laissez frémir pendant une vingtaine de minutes.

3 Beurrez les tranches de pain, recouvrez-les d'emmental râpé et faites-les dorer au four.

4 Disposez les tranches de pain au fond d'un plat en pyrex. Versez la soupe à l'oignon, saupoudrez d'emmental et faites gratiner au four préchauffé jusqu'à l'apparition d'une croûte dorée. Servez aussitôt.

▰▰ VARIANTE

Pour obtenir une soupe plus riche, faites dorer les oignons dans du beurre, ajoutez 150 g de pulpe de tomate hachée ; au bout de quelques minutes, versez 1/2 verre de lait et 1,5 litre de bouillon. Faites cuire 15 minutes, puis mettez au four en même temps que le pain et le fromage râpé.

 SAISON

Soupe à l'ail

DIFFICULTÉ ★★

PRÉPARATION : 10 MIN
+ 30 MIN DE REPOS

CUISSON : 25 MIN

RÉALISATION À L'AVANCE :
PARTIELLE

POUR 4 PERSONNES

100 g de gousses d'ail

150 g parmesan râpé

1 brin de thym

2 feuilles de laurier

2 filets d'anchois

2 clous de girofle

2 jaunes d'œufs

beurre

vin blanc sec

huile d'olive vierge extra

12 tranches de pain de
campagne

sel

poivre

1 Préparez le beurre d'anchois, en mélangeant les filets d'anchois émiettés avec 20 g de beurre ramolli. Laissez reposer dans un endroit tiède.

2 Faites griller au four les tranches de pain nappées d'un peu de beurre.

3 Mettez dans une casserole 1,5 litre d'eau, salez et poivrez. Portez à ébullition, puis ajoutez les gousses d'ail écrasées mais non pelées, le thym, le laurier et les clous de girofle. Couvrez, réduisez le feu et laissez cuire pendant une vingtaine de minutes.

4 Filtrez le bouillon, remettez-le sur le feu et aromatisez de beurre d'anchois. Battez les jaunes d'œufs et incorporez-les à la préparation, ainsi qu'1/2 verre de vin blanc.

5 Déposez les tranches de pain grillées au fond d'une soupière, saupoudrez de fromage râpé et arrosez d'huile d'olive. Versez la soupe bien chaude et servez aussitôt.

SAISON

Soupe à la bière

DIFFICULTÉ ★
PRÉPARATION : **30** MIN
CUISSON : **40** MIN
RÉALISATION À L'AVANCE : PARTIELLE

POUR **4** PERSONNES

80 cl de bière légère
300 g de pommes de terre
80 g de champignons
100 g de poireaux
60 g de speck en tranches épaisses
20 g de beurre
1 oignon
1 gousse d'ail
1 jaune d'œuf
10 cl de crème fraîche
brins de persil
jus de citron
sel
poivre

1 Lavez, nettoyez et émincez finement les champignons et arrosez-les de jus de citron.

2 Coupez le speck en petits dés ; hachez l'oignon, et l'ail et faites dorer dans le beurre. Ajoutez une partie des champignons et mettez le reste de côté.

3 Lavez, nettoyez, découpez en petits morceaux les poireaux et les pommes de terre. Incorporez-les à la préparation précédente ; ajoutez la bière et faites cuire à feu doux 30-40 minutes. Salez et poivrez.

4 En fin de cuisson, ajoutez la crème fraîche et le jaune d'œuf. Garnissez de persil, de restant de champignons et servez.

SAISON

Gaspacho

DIFFICULTÉ ★

PRÉPARATION : 20 MIN
+ 2 H DE REFROIDISSEMENT

RÉALISATION À L'AVANCE : OUI

POUR 4 PERSONNES

4 tomates mûres
2 verres de jus de tomate
1 oignon
1 gousse d'ail
1 concombre coupé en dés
1 poivron vert
4 tranches de pain de mie
jus de citron
huile d'olive vierge extra
sel
poivre de Cayenne

1 Plongez les tomates dans l'eau bouillante ; pelez-les, épépinez-les et mixez la chair. Hachez très finement l'ail et l'oignon. Coupez le poivron et le concombre en petits dés.

2 Mélangez dans une soupière la pulpe de tomate avec l'ail et l'oignon ; salez et poivrez.

3 Battez dans un bol 1/2 verre d'huile d'olive avec le jus de tomate et 2 cuillerées à soupe de jus de citron.
Versez dans la soupière et mettez au réfrigérateur, pour bien faire refroidir le tout.

4 Retirez la croûte des tranches de pain et coupez la mie en petits dés puis faites-la griller au four.

5 Retirez la soupière du réfrigérateur ; ajoutez les dés de concombre et de poivron, puis les croûtons de pain. Versez dans les assiettes creuses et servez.

6 Si le gaspacho n'est pas assez froid, vous pouvez mettre 1 ou 2 glaçons dans chaque assiette.

SAISON

Soupe d'épeautre

DIFFICULTÉ ★★
PRÉPARATION : 15 MIN
CUISSON : 1 H 20
RÉALISATION À L'AVANCE : OUI

POUR 4 PERSONNES
150 g d'épeautre
300 g de coulis de tomate
100 g de couenne de porc
80 g de lard
1 gousse d'ail
1 oignon
persil
basilic
marjolaine
sel
poivre

1 Grattez soigneusement les couennes et faites-les bouillir pendant 15 minutes. Égouttez-les et coupez-les en petits morceaux ; faites-les cuire dans une eau propre à feu moyen.

2 Mettez dans une casserole un hachis d'ail et de lard, une pincée de marjolaine et faites revenir. Ajoutez l'oignon émincé finement et faites-le blondir.

3 Ajoutez le coulis de tomate, le persil et le basilic hachés. Faites cuire pendant une dizaine de minutes, puis ajoutez les moelles avec leur bouillon et autant d'eau tiède qu'il faut pour obtenir 2 litres de liquide. Salez, poivrez et poursuivez la cuisson pendant 20 minutes.

4 Versez l'épeautre, mélangez soigneusement et faites cuire la soupe pendant encore 40 minutes. Mixez un tiers de l'appareil pour donner de la consistance à la soupe ; laissez reposer pendant quelques minutes et servez.

SAISON

Soupe des Ardennes

DIFFICULTÉ ★

PRÉPARATION : 15 MIN

CUISSON : 40 MIN

RÉALISATION À L'AVANCE :
PARTIELLE

POUR 4 PERSONNES

3 endives

3 poireaux

4 pommes de terre
(à peler)

120 g de tagliolinis aux
œufs

beurre

1,5 litre de bouillon de
volaille

ciboulette

1 piment

sel

1 Nettoyez les poireaux, gardez les parties blanches.
Coupez-les en petits morceaux et faites-les dorer
à feu moyen avec 30 g de beurre.

2 Coupez-les pommes de terre en petits morceaux ;
émincez les endives. Mélangez les légumes aux
poireaux, ajoutez la moitié d'un piment et faites
mijoter 1 minute. Recouvrez de bouillon et faites
cuire à feu vif pendant environ 1/2 heure.

3 Rectifiez éventuellement l'assaisonnement en sel ;
ajoutez les tagliolinis. Une fois que les pâtes sont
cuites, versez la soupe dans une soupière. Ciselez
quelques brins de ciboulette et servez.

▬ VARIANTE

*Pour transformer cette soupe en un plat unique et riche, vous
pouvez ajouter à la dernière minute 8 petites quenelles
préparées de la manière suivante : ramollissez 150 g de ricotta
et incorporez un œuf et un hachis de ciboulette ; formez des
quenelles à l'aide d'une cuillère.*

SAISON

Crème de betteraves

DIFFICULTÉ ★

PRÉPARATION : 10 MIN

CUISSON : 25 MIN

RÉALISATION À L'AVANCE : OUI

POUR 4 PERSONNES

2 betteraves de taille moyenne

150 g de robiola

20 g de beurre

1 échalote

1 cuillerée à soupe d'herbes aromatiques (menthe, persil, basilic, ciboulette)

4 tranches de pain de mie

1 gousse d'ail

1 litre de bouillon de légumes

huile d'olive vierge extra

sel

poivre

1 Faites chauffer le beurre dans une casserole ; faites dorer l'échalote hachée finement. Ajoutez les betteraves pelées et coupées en dés ; salez, poivrez et mouillez de bouillon chaud. Couvrez et faites cuire pendant une vingtaine de minutes.

2 Retirez du feu et mixez jusqu'à ce que vous obteniez une crème fine.

3 Mélangez la robiola avec les herbes aromatiques hachées ; salez et poivrez. Formez, à l'aide d'une cuillère, 8 petites quenelles.

4 Faites griller le pain ; frottez-le avec de l'ail, assaisonnez-le d'huile et coupez-le en petits dés.

5 Versez la crème chaude dans 4 assiettes creuses ; disposez dans chacune d'elles 2 quenelles. Garnissez de dés de pain grillé et servez.

SAISON

Crème de courge

DIFFICULTÉ ★

PRÉPARATION : 10 MIN

CUISSON : 20 MIN

RÉALISATION À L'AVANCE : OUI

POUR 4 PERSONNES

500 g de chair de courge

80 g de beurre

4 tranches de pain de campagne

1 gousse d'ail

1 litre de bouillon de légumes

huile d'olive vierge extra

sucre

sel

1 Coupez la chair de la courge en petits morceaux.

2 Faites-les cuire dans la moitié du beurre et une louche de bouillon de légumes. À la fin de la cuisson, mixez la courge pour la rendre onctueuse.

3 Mettez le reste de bouillon et portez à ébullition ; ajoutez le reste de beurre et mélangez. Rectifiez éventuellement l'assaisonnement en sel.

4 Faites griller le pain, frottez-le avec de l'ail, coupez en petits dés. Assaisonnez d'un peu d'huile.

5 Faites fondre 30 g de sucre avec 1 cuillerée à soupe d'eau dans un faitout, poursuivez jusqu'à ce qu'il caramélise.

6 Versez la crème dans 4 assiettes creuses ; ajoutez sur la surface un filet de sucre caramélisé et servez accompagné des dés de pain grillé.

▆▆ VARIANTE

Le goût sucré de la courge se marie parfaitement avec les fromages légèrement fumés : essayez de remplacer le sucre caramélisé par 100 g de ricotta émiettée ou de la scamorza fumée coupée en julienne.

SAISON

Crème de tomate

DIFFICULTÉ ★
PRÉPARATION : 10 MIN
CUISSON : 20 MIN
RÉALISATION À L'AVANCE : OUI

POUR 4 PERSONNES
800 g de tomates mûres
1 gousse d'ail
1 oignon
1 litre de bouillon de volaille
concentré de tomate
huile d'olive vierge extra
feuilles de basilic
sucre
sel
poivre

1   Plongez les tomates dans l'eau bouillante ; pelez-les et coupez la chair en petits morceaux.

2   Faites chauffer une cuillerée à soupe d'huile dans une casserole et faites dorer la gousse d'ail écrasée et l'oignon hachée.

3   Ajoutez les tomates et 1 cuillerée à soupe de concentré de tomate ; couvrez et poursuivez la cuisson à feu doux pendant une dizaine de minutes.

4   Versez le bouillon ; salez, poivrez et ajoutez 1/2 cuillerée à café de sucre. Laissez refroidir.

5   Mixez jusqu'à l'obtention d'une crème homogène. Remettez dans la casserole et faites réchauffer.

6   Garnissez de feuilles de basilic et servez.

SAISON

▨ VARIANTE
Apportez une note plus corsée à ce velouté en intégrant 3 filets d'anchois à l'huile émiettés et 2 cuillerées à soupe d'olives noires dénoyautées et hachées grossièrement.

Soupe grecque au yaourt

DIFFICULTÉ ★

PRÉPARATION : 5 MIN

CUISSON : 15 MIN

RÉALISATION À L'AVANCE : OUI

POUR 4 PERSONNES

1/2 litre de lait

1/2 litre de yaourt naturel

1/2 poivron rouge

1/2 poivron vert

1/2 poivron jaune

feuilles d'aneth

1 petit oignon

beurre

farine

noix de muscade

sel

poivre

1 Lavez les poivrons et coupez-les en lamelles.

2 Faites chauffer 2 cuillerées à soupe de beurre dans une casserole et faites dorer l'oignon haché.

3 Ajoutez 2 cuillerées à soupe de farine et faites cuire sans brunir pendant quelques minutes ; retirez du feu et ajoutez le lait chaud en remuant énergiquement.

4 Remettez sur le feu et faites bouillir pendant 1 minute, sans cesser de remuer.

5 Passez la préparation au mixeur et incorporez le yaourt. Salez, poivrez, relevez d'1 pincée de noix de muscade râpée. Faites chauffer la soupe pendant quelques minutes à feu doux, puis versez dans des assiettes creuses individuelles et garnissez de feuilles d'aneth et de lamelles de poivrons.

SAISON

Soupe à la farine et au basilic

DIFFICULTÉ ★

PRÉPARATION : 5 MIN

CUISSON : 15 MIN

RÉALISATION À L'AVANCE : OUI

POUR 4 PERSONNES

1 litre de bouillon

farine

1 carotte

feuilles de basilic

crème fraîche

noix de muscade

sel

poivre

1 Mélangez dans un récipient 3 cuillerées à soupe de farine avec suffisamment d'eau pour obtenir un appareil lisse et homogène.

2 Diluez avec le bouillon froid, mélangez puis portez à ébullition. Laissez cuire à feu doux, sans jamais cesser de remuer, pendant environ 10 minutes. Assaisonnez de sel, poivre et 1 pincée de noix de muscade râpée.

3 Ajoutez 4 cuillerées à soupe de crème fraîche avant d'éteindre le feu.

4 Garnissez de feuilles de basilic et de julienne de carotte et servez.

▩ VARIANTE

Remplacez la farine de blé par celle de riz ou d'orge, qui rendront cette crème particulièrement légère et délicate.
Tamisez la farine avant de l'incorporer au bouillon, vous éviterez ainsi la formation de grumeaux, et faites-la chauffer rapidement dans une poêle.

SAISON

Soupe alsacienne aux cerises

DIFFICULTÉ ★★

PRÉPARATION : 10 MIN

CUISSON : 25 MIN

RÉALISATION À L'AVANCE : OUI

POUR 4 PERSONNES

400 g de cerises

1 verre de vin rouge

1 petit morceau de cannelle

1 zeste de citron

fécule de pommes de terre

sucre

croûtons

1 Dénoyautez les cerises, mettez de côté les noyaux.

2 Versez 2 tasses d'eau chaude dans une casserole ; ajoutez les cerises, la cannelle et le zeste de citron. Portez à ébullition et laissez cuire sur feu vif pendant une dizaine de minutes.

3 Pilez les noyaux dans un mortier et mettez-les dans un faitout avec le vin. Portez à ébullition et laissez cuire pendant quelques minutes.

4 Mixez les cerises avec le vin.

5 Remettez sur le feu ; ajoutez 1 cuillerée à café de fécule diluée dans deux tasses d'eau tiède. Ajoutez une pincée de sucre, mélangez et laissez cuire pendant environ 10 minutes.

6 Versez dans les assiettes creuses et sur les croûtons de pain ; servez.

SAISON

Soupe au maïs et au navet

DIFFICULTÉ ★
PRÉPARATION : 15 MIN
CUISSON : 45 MIN
RÉALISATION À L'AVANCE : OUI

POUR 4 PERSONNES

1 boîte de maïs
4 tranches de lard
1 litre de bouillon
400 g de navet
1 petit oignon
1 branche de céleri
lait
ciboulette
sel
poivre

1 Faites revenir le lard dans une casserole, pour faire fondre la graisse et rendre les tranches croustillantes. Égouttez les tranches et découpez-les en petits morceaux.

2 Faites revenir un hachis d'oignon et de céleri dans la graisse, puis ajoutez les navets pelés et coupés en dés. Faites mijoter en remuant ; versez le bouillon et 1 verre de lait. Portez à ébullition.

3 Couvrez et poursuivez la cuisson pendant 30 minutes à feu doux. Dès que les légumes sont cuits, éteignez le feu et laissez tiédir pendant quelques minutes avant de les passer au mixeur.

4 Portez à ébullition et ajoutez le maïs ; poivrez, rectifiez l'assaisonnement en sel, puis parsemez de ciboulette hachée et servez.

SAISON

Crème aux champignons

DIFFICULTÉ ★

PRÉPARATION : 15 MIN

CUISSON : 10 MIN

RÉALISATION À L'AVANCE : OUI

POUR 4 PERSONNES

400 g de champignons de
Paris

50 g de cèpes

60 g de beurre

1/2 litre de lait

40 g de farine

25 cl de bouillon de
légumes

1 verre de crème fraîche

sel

1 Préparez une béchamel en mélangeant la farine, le lait, 40 g de beurre et 1 pincée de sel.

2 Coupez les champignons en petits morceaux et faites-les suer dans 30 g de beurre.

3 Ajoutez la béchamel ; portez à ébullition et faites cuire à feu doux pendant quelques minutes.

4 Mixez le tout ; versez à nouveau dans la casserole. Ajoutez le bouillon et portez à ébullition.

5 Pendant ce temps, émincez finement les cèpes et faites-les revenir pendant 3 à 4 minutes avec une noisette de beurre.

6 Retirez la crème du feu ; incorporez la crème fraîche chaude et rectifiez éventuellement l'assaisonnement en sel. Distribuez la crème dans 4 assiettes creuses individuelles ; garnissez de quelques morceaux de cèpes sautés et servez.

SAISON

Soupe de haricots cannellini

DIFFICULTÉ ★

PRÉPARATION : 1 H 30
+ 12 H DE TREMPAGE

CUISSON : 20 MIN

RÉALISATION À L'AVANCE : OUI

POUR 4 PERSONNES

300 g de haricots cannellini secs

30 g de lard

1 pied de céleri

1 petite carotte

1/2 verre d'huile d'olive vierge extra

1 botte de persil

sel

poivre

1. Faites tremper les haricots dans l'eau froide pendant 8-12 heures, puis faites-les cuire *al dente* pendant 1 h 30 environ.

2. Pendant ce temps, hachez finement le lard, le céleri et la carotte. Mettez le tout dans une casserole, ajoutez l'huile ; posez sur le feu et faites revenir pendant quelques minutes. Ajoutez les haricots, puis salez et poivrez.

3. Allongez la préparation d'eau bouillante pour atteindre la quantité nécessaire.

4. Couvrez et faites cuire pendant 15 minutes environ à feu moyen.

5. Rectifiez éventuellement l'assaisonnement en sel ; versez dans les bols, saupoudrez de persil haché et servez la soupe accompagnée de tranches de pain de campagne.

SAISON

▬ VARIANTE

Comme toutes les recettes à base de légumes, cette soupe gagne en saveur si elle est préparée longtemps à l'avance, voire la veille.

Soupe de poivrons à l'aneth

DIFFICULTÉ ★★

PRÉPARATION : 10 MIN

CUISSON : 30 MIN

RÉALISATION À L'AVANCE : OUI

POUR 4 PERSONNES

1 poivron rouge

1 poivron vert

1 poivron jaune

150 g de robiola

40 g de cerneaux de noix

bouillon de légumes

1 cuillerée à soupe de
feuilles d'aneth

1 petit oignon

1/2 litre de lait

beurre

farine

sel

poivre

1 Préparez les poivrons : éliminez les pédoncules, les filaments, épépinez-les et coupez la chair en petits morceaux. Hachez finement les cerneaux de noix.

2 Faites chauffer une noisette de beurre dans une casserole et faites dorer l'oignon haché finement. Ajoutez les poivrons et l'aneth ; salez, poivrez et faites mijoter pendant 2 ou 3 minutes.

3 Préparez une béchamel plutôt onctueuse en mélangeant le lait, 30 g de beurre, 30 g de farine et 1 pincée de sel.

4 Versez la béchamel dans la casserole ; mélangez, puis ajoutez le bouillon chaud petit à petit, sans jamais cesser de remuer. Faites cuire jusqu'à ce que les poivrons deviennent tendres.

5 Pendant ce temps, mélangez la robiola avec les cerneaux de noix hachés ; salez et poivrez. Formez, à l'aide d'une cuillère, 8 petites quenelles.

6 Distribuez la soupe chaude dans les assiettes creuses et disposez 2 petites quenelles de robiola dans chacune d'elles. Servez aussitôt.

SAISON

Soupe de légumes

DIFFICULTÉ ★

PRÉPARATION : 12 H
DE TREMPAGE

CUISSON : 1 H 30

RÉALISATION À L'AVANCE : OUI

POUR 4 PERSONNES

200 g de légumes divers
(haricots cannellini, borlotti,
pois chiches, petits pois
écossés)

1 petite carotte

1 branche de céleri

1/2 oignon

1/2 poireau

2 feuilles de laurier

persil

huile d'olive vierge extra

concentré de tomate

sel

poivre

1 Faites tremper les légumes toute une nuit dans l'eau froide. Faites chauffer quelques cuillerées à soupe d'huile dans une casserole puis faites dorer un hachis de carotte, céleri, oignon et poireau.

2 Ajoutez les légumes soigneusement égouttés et faites mijoter pendant 2 minutes. Ajoutez environ 2 litres d'eau chaude et 1 cuillerée à soupe de concentré de tomate. Salez, poivrez et faites cuire à feu doux, en retirant l'écume de temps en temps.

3 En fin de cuisson, éliminez le laurier et rectifiez si besoin est l'assaisonnement en sel. Distribuez la soupe dans les assiettes creuses, parsemez de persil haché et servez aussitôt.

SAISON

▬▬ VARIANTE
Pour compléter l'apport en protéines, vous pouvez ajouter 100 g d'orge ou d'épeautre 30 minutes avant la fin du temps de cuisson des légumes.

Soupe d'orge et d'épinards

DIFFICULTÉ ★

PRÉPARATION : 10 MIN

CUISSON : 1 H

RÉALISATION À L'AVANCE : OUI

POUR 4 PERSONNES

200 g d'orge perlé

400 g d'épinards

40 g de lard

1 oignon

1 petit poireau

2 brins de persil

extrait de viande

sel

poivre

1 Faites cuire les épinards dans l'eau qui a servi à les nettoyer ; égouttez, passez au mixeur pour les réduire en purée.

2 Mettez l'orge dans une casserole et versez 2 litres d'eau. Ajoutez un hachis très fin de lard, oignon, poireau et persil.

3 Mettez sur le feu et faites cuire environ 1 heure à feu doux en mélangeant souvent. Vers la moitié du temps de cuisson, ajoutez 1/2 cuillerée à café d'extrait de viande et la purée d'épinards.

4 À la fin de la cuisson, rectifiez si besoin est l'assaisonnement en sel ; poivrez et servez.

SAISON

▇▇ VARIANTE

Pour donner à cette recette une note énergétique, ajoutez 25 g de pignons entiers légèrement grillés peu avant la fin de la cuisson.

Crème de pois chiches

DIFFICULTÉ ★

PRÉPARATION : 12 H
DE TREMPAGE

CUISSON : 2 H

RÉALISATION À L'AVANCE :
PARTIELLE

POUR 4 PERSONNES

300 g de pois chiches
secs

200 g de chutes de
saumon fumé

1,5 litre de bouillon de
légumes

1 petit oignon

1 gousse d'ail

huile d'olive vierge extra

brins de cerfeuil

sel

1 Faites tremper les pois chiches toute une nuit.

2 Faites chauffer 2 à 3 cuillerées à soupe d'huile et
blondir un hachis d'oignon et d'ail. Ajoutez les pois
chiches, faites mijoter. Versez le bouillon et faites
cuire pendant environ 2 heures, jusqu'à ce que les
pois tendent à se défaire. Mixez le tout.

3 Hachez le saumon le plus finement possible et
faites des boulettes de poisson.

4 Remettez la soupe sur le feu, rectifiez
éventuellement l'assaisonnement en sel et servez-
la très chaude dans des assiettes creuses garnies
de quelques boulettes de saumon et de brins de
cerfeuil.

SAISON

Index des recettes

Achevé d'imprimer en mai 2006
à Bergame, Italie,
sur les presses de Print

Dépôt légal : mai 2006
Numéro d'éditeur : 9539